Lernkrimi Spanisch

La muerte, una fiesta

Autor: Mario Martín
Illustrator: Harald Liviu Ardeias

Lernkrimi-Comics erhältlich in vier weiteren Sprachen:

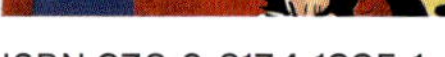
ISBN 978-3-8174-1995-1

ISBN 978-3-8174-1996-8

ISBN 978-3-8174-2087-2

ISBN 978-3-8174-1998-2

Baierbrunner Straße 27, 81379 München
Ausgabe 2018

Redaktion: Janine Kaitzl
Fachkorrektur: Olga Carrasquedo
Produktion: Ute Hausleiter
Lernkrimi-Logo: Carsten Abelbeck
Gestaltung: textum GmbH
Umschlaggestaltung: red.sign GbR, Stuttgart

ISBN 978-3-8174-1997-5
381741997/1

www.compactverlag.de, www.lernkrimi.de, www.facebook.com/lernkrimi

Vorwort

Liebe Leserin, lieber Leser,

sicher zum Lernerfolg – mit Spaß und Spannung! Die Compact Lernkrimis mit ihrer Kombination aus fesselnder Lektüre und didaktischem Übungsanteil eignen sich hervorragend, um breite Sprachkompetenzen in der Fremdsprache zu erwerben. Der Lernende wird dabei durch die spannende Handlung, das angemessene Sprachniveau und den stetig ansteigenden Schwierigkeitsgrad der Übungen gefördert und motiviert. Entwickelt nach neuesten Erkenntnissen der Fremdsprachendidaktik sind Compact Lernkrimis das ideale Medium für einen Lernerfolg im Selbststudium. Durch die kleinen Texteinheiten und den hohen Übungsteil sind sie aber auch als Unterrichtslektüre bestens geeignet.

So lernen Sie mit Compact Lernkrimi-Comics:

- **Mit Begeisterung lernen:** Die packende Krimihandlung motiviert Sie beim Lesen des spanischen Originaltextes.
- **Wissen intensivieren und erweitern:** Durch die Kombination aus didaktisch aufbereiteter Lektüre und textbezogenen Übungen testen und trainieren Sie Ihre Sprachkenntnisse effektiv. Vokabelangaben auf jeder Seite unterstützen Sie beim Lesen.
- **Systematisch lernen:** Knüpfen Sie an Ihr individuelles Sprachniveau an und setzen Sie eigene Lernziele.
- **Visuelles Lernen:** Inhalte einfacher verstehen durch anschauliche Illustrationen.
- **Unabhängig sein:** Lernen Sie individuell – wo und wann immer Sie wollen.

Viel Spaß beim **spannenden Erlernen der spanischen Sprache**
wünscht Ihnen

Prof. Dr. Christiane Neveling
Didaktik der romanischen Sprachen, Universität Leipzig

Das Ermittlerteam

Rosa Benítez

Rosa eilt der Ruf einer rasanten Kommissarin voraus. Seit sie ihre Karriere als Sprinterin beendet hat, kommt ihr ihre Schnelligkeit im Dienst zugute – Verbrecher auf der Flucht ziehen daher unweigerlich den Kürzeren. Rosa ist die Risikofreudige, die immer aufs Ganze geht. Wenn sie ihr energischer Ermittlungsstil einmal nicht weiterbringt, kann sie sich auf ihre gute Menschenkenntnis verlassen – und auf ihren jüngeren Kollegen Pablo.

Pablo Carballo

Der sympathische Pablo sagt von sich selbst, nicht der athletischste Kommissar zu sein. Körperlichen Einsatz scheut er deswegen nicht, doch liegen seine Stärken eindeutig auf technischem Gebiet: Durch Recherchen in sozialen Netzwerken, Datenwiederherstellung oder Standortbestimmung gelingt es ihm in kürzester Zeit, einen Fall entscheidend voranzutreiben. Pablo ist der strategische Kopf des Teams, der seine Kollegin immer wieder zum Staunen bringt.

Inhalt

La muerte, una fiesta

pesadilla *f* — Albtraum

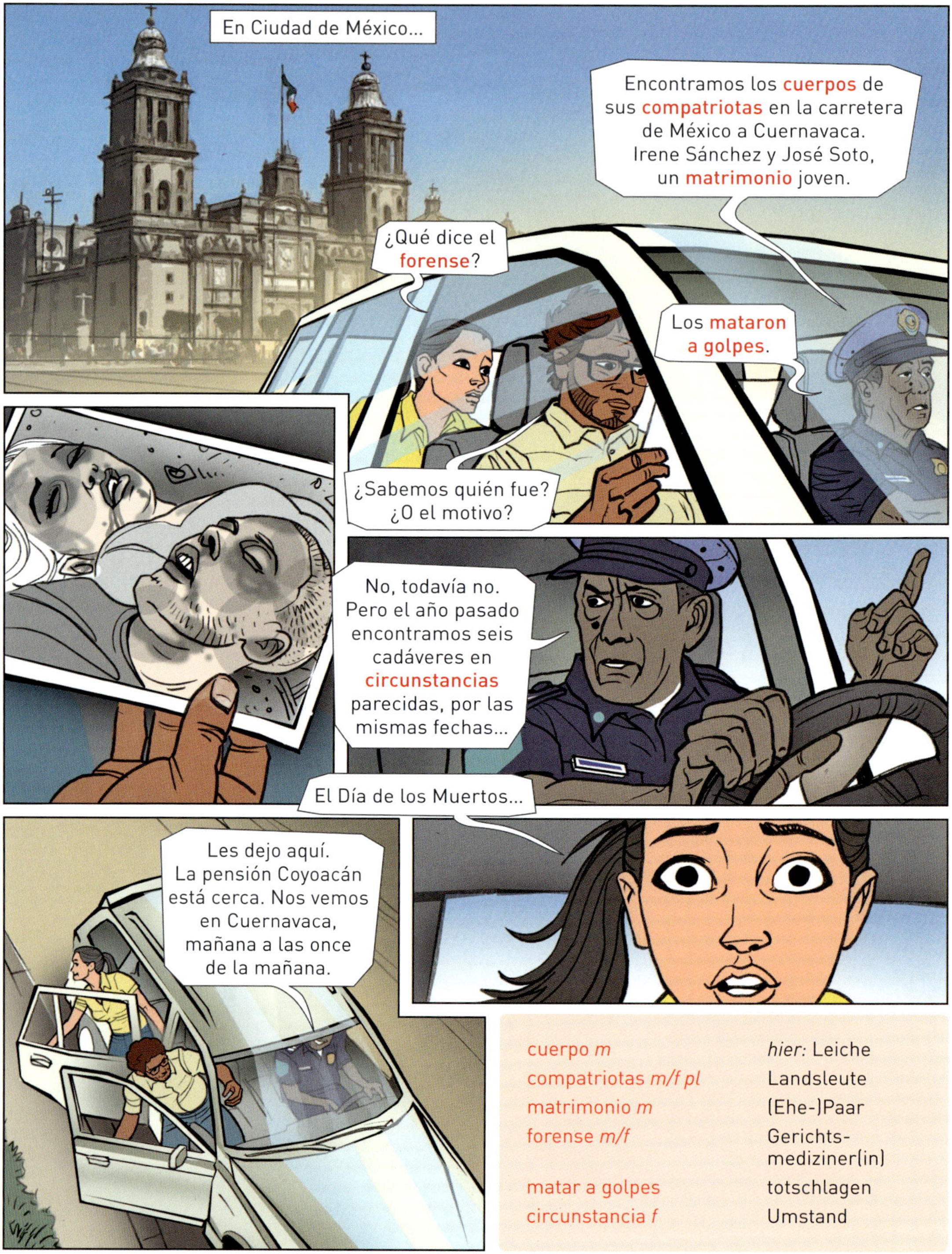

En Ciudad de México…

Encontramos los **cuerpos** de sus **compatriotas** en la carretera de México a Cuernavaca. Irene Sánchez y José Soto, un **matrimonio** joven.

¿Qué dice el **forense**?

Los **mataron a golpes**.

¿Sabemos quién fue? ¿O el motivo?

No, todavía no. Pero el año pasado encontramos seis cadáveres en **circunstancias** parecidas, por las mismas fechas…

El Día de los Muertos…

cuerpo *m*	*hier:* Leiche
compatriotas *m/f pl*	Landsleute
matrimonio *m*	(Ehe-)Paar
forense *m/f*	Gerichts-mediziner(in)
matar a golpes	totschlagen
circunstancia *f*	Umstand

¡Qué desgracia!	Was für ein Unglück!
habitación *f* sencilla	Einzelzimmer

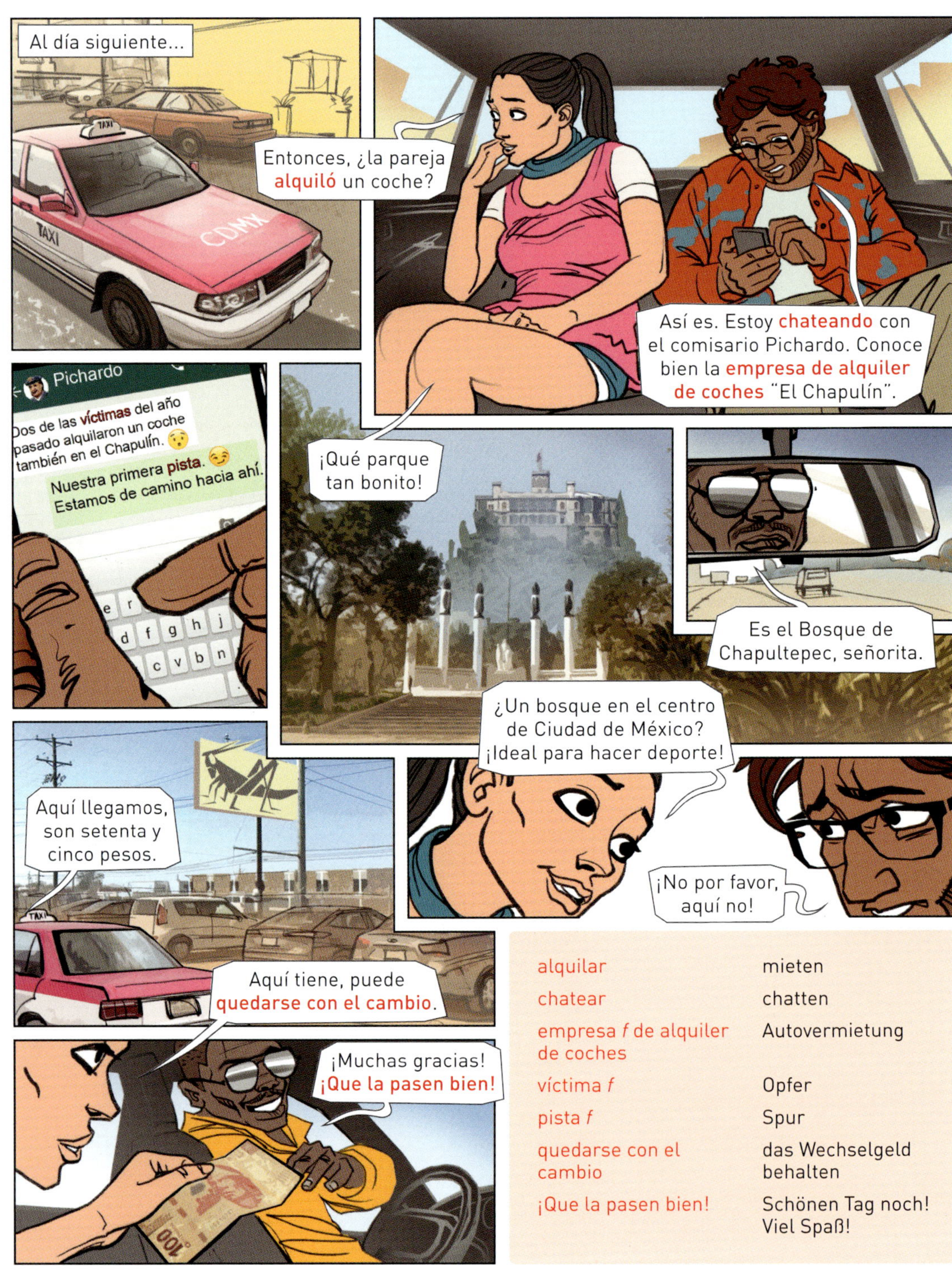

alquilar	mieten
chatear	chatten
empresa *f* de alquiler de coches	Autovermietung
víctima *f*	Opfer
pista *f*	Spur
quedarse con el cambio	das Wechselgeld behalten
¡Que la pasen bien!	Schönen Tag noch! Viel Spaß!

¡Nos lo quedamos!	Wir nehmen es!

echar gasolina	tanken
suficiente	genug, genügend

eterno	ewig
animado	belebt, heiter
otro mundo *m*	Jenseits
este mundo *m*	Diesseits
disfrutar	genießen

descubrir *irr*	entdecken
disfrazarse	sich verkleiden
recuerdo *m*	Erinnerung
conmovido	ergriffen, gerührt
familiares *m/f pl*	Verwandte
asesinato *m*	Mord
desalmado	unmenschlich, herzlos

barranca *f mex*	Schlucht, Abgrund
afueras *f pl*	Stadtrand
salvaje *m/f*	Barbar, Wilde(r)
prensa *f*	Presse
asesino/a *m/f*	Mörder(in)
publicidad *f*	*hier:* Aufmerksamkeit
por desgracia	leider
gasolinera *f*	Tankstelle

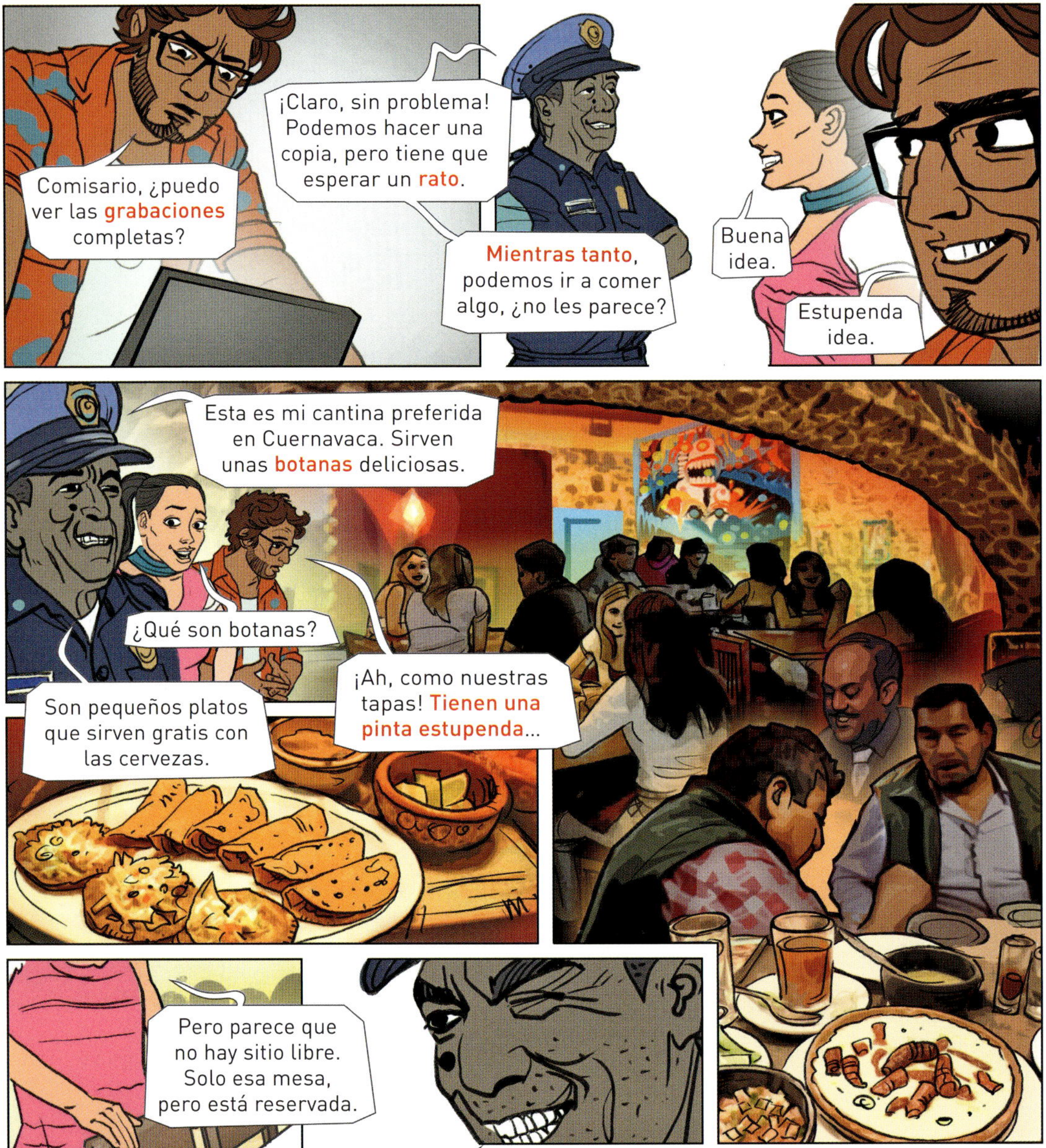

Esta es mi cantina preferida en Cuernavaca. Sirven unas botanas deliciosas.

¿Qué son botanas?

Son pequeños platos que sirven gratis con las cervezas.

¡Ah, como nuestras tapas! Tienen una pinta estupenda...

Pero parece que no hay sitio libre. Solo esa mesa, pero está reservada.

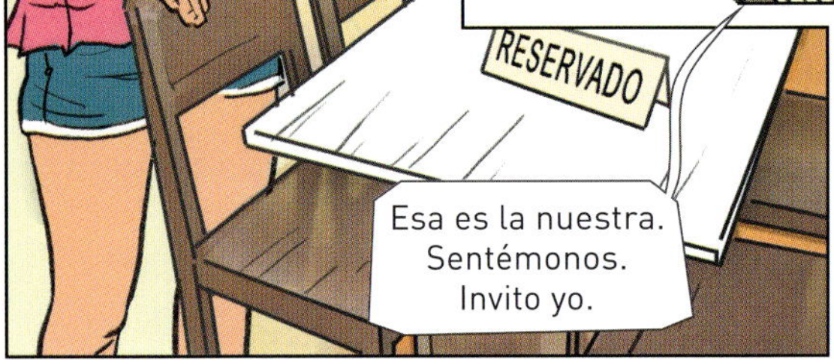

RESERVADO

Esa es la nuestra. Sentémonos. Invito yo.

grabación *f*	(Video-)Aufzeichnung
rato *m*	Weile
mientras tanto	währenddessen
botana *f*	mexikanische Tapa
tener *irr* una pinta estupenda	lecker aussehen

caldito *m* de camarón	Garnelensuppe
picar	*hier:* scharf/pikant sein
permitir	erlauben
prueba *f*	Beweis

dar *irr* una buena paliza a alguien	jdm. eine ordentliche Tracht Prügel verpassen
deprisa	dringend

informe *m*	Bericht
accidente *m* de tránsito *mex*	Verkehrsunfall
mostrar	zeigen, aufweisen
daño *m*	Schaden
matar	umbringen, töten

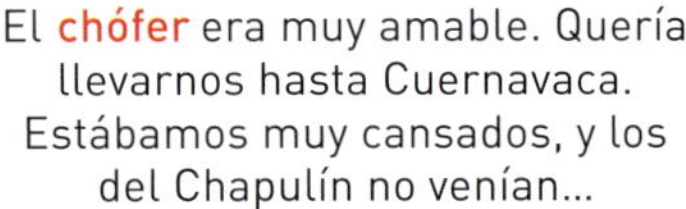

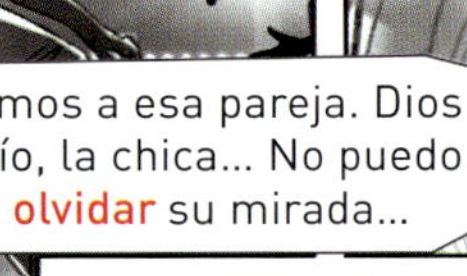

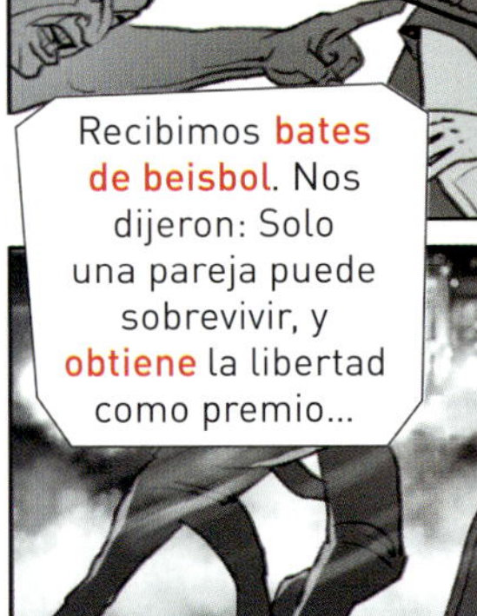

parar	anhalten
chófer *m*	(Lkw-)Fahrer
subir	einsteigen
carretera *f* secundaria	Land-/Nebenstraße
arma *f*	Waffe
golpear	prügeln
luchar	kämpfen
olvidar	vergessen
bate *m* de beisbol	Baseball-Schläger
obtener *irr*	erlangen, erhalten

casualidad *f*	Zufall
fingir	vorgeben, so tun
en apuros	in Not
avería *f*	Panne
suceder	stattfinden
localizador *m* GPS	GPS-Empfangsgerät

No... Tengo que parar. Me dice que no hay gasolina.

Buenas noches, señor Barbosa. Sí, somos la pareja de españoles que...

De acuerdo, muchas gracias.

notar	bemerken
acabar de + *inf.*	soeben etw. getan haben
grúa *f*	Abschleppwagen
tardar	dauern

tener *irr* miedo	Angst haben
pendejo *m mex*	Narr, Idiot
pelea *f*	Kampf, Schlägerei
válido	*hier:* erlaubt

detener *irr*	*hier:* stoppen
trama *f* organizada	organisiertes Verbrechen
confesar	gestehen
ganar	*hier:* verdienen
temer(se)	befürchten

Ejercicios

Verbos. Ergänzen Sie die passenden Formen von **ser**, **estar** oder **hay**!

1. La comida mexicana, normalmente ________ muy picante.
2. Pablo y Rosa fingen que ________ dos enamorados.
3. ________ las once de la mañana cuando se encuentran con el comisario Pichardo.
4. El Día de los Muertos, Cuernavaca ________ llena de gente.
5. Ya hemos llegado, ________ setenta y cinco pesos.
6. Solo ________ una gasolinera en esa carretera.

INFO

Das Spanisch, wie es in Mexiko gesprochen wird, weist im Vergleich zum iberischen Spanisch einige Besonderheiten und Abweichungen auf. In Mexiko gibt es die 2. Person Plural (**vosotros**) nicht, stattdessen gebraucht man **ustedes**. In der Umgangssprache entdeckt man kleine, aber feine Unterschiede, z. B. begrüßt man sich in Mexiko mit **Buen día** (S. 7) und sagt zum Abschied **¡que la pasen bien!** (S. 8), wohingegen man in Spanien **Buenos días** und **¡que lo pasen bien!** hört.

2

Adjetivos. Übersetzen Sie und ergänzen Sie anschließend das Gegenteil auf Spanisch!

1. oscuro ________________ ________________
2. agradable ________________ ________________
3. lindo ________________ ________________
4. lleno ________________ ________________
5. aburrido ________________ ________________

3 **¿Artículo determinado o indeterminado?** Bestimmter oder unbestimmter Artikel? Setzen Sie ein!

un | una | unos | el | la (2x) | las | los

1. Judith es ______ esposa de Leonardo Cavani.
2. Cecilia Sandoval recibió a Rosa y Pablo con ______ gran sonrisa.
3. ______ hotel está cerca de ______ Casa-Museo de Frida Kahlo.
4. El comisario Pichardo es ______ hombre de ______ cincuenta años.
5. Sus agentes encontraron ______ cadáveres de ______ víctimas.

4 **Traducción.** Übersetzen Sie und enträtseln Sie das Lösungswort!

1. Viertel □ _ _ _ _ _
2. Wald _ □ _ _ _ _
3. Dom _ _ □ _ _ _ _ _
4. Lastwagen _ □ _ _ _ _
5. Lagune _ _ _ _ □ _
6. Palast _ □ _ _ _ _ _

Lösung: □□□□□□

INFO

Botanas sind in Mexiko das, was für die Spanier **tapas** sind – kleine Häppchen, die in den Kneipen zumeist gratis zum Bier gereicht werden. Die Vielfalt reicht von Quesadillas über kleine Suppen bis hin zu frittiertem Fisch. Je mehr Bier man bestellt, desto reichhaltiger kommen die **botanas** auf den Tisch.

Comprensión. Welche Antwort ist richtig? Kreuzen Sie an!

1. ¿Cuál es la "ciudad de la eterna primavera"?
   ❐ **a)** Cuernavaca. ❐ **b)** Ciudad de México.

2. El Museo Frida Kahlo es la casa donde nació y murió la famosa...
   ❐ **a)** cantante. ❐ **b)** pintora.

3. ¿Dónde durmieron Irene Sánchez y José Soto antes de su muerte?
   ❐ **a)** En un coche. ❐ **b)** En una pensión.

4. El día de los muertos es una fiesta...
   ❐ **a)** conmovida y animada. ❐ **b)** moderna y solo para jóvenes.

5. ¿Quiénes mataron a Irene y José?
   ❐ **a)** Flavio Barbosa y un colega. ❐ **b)** Leonardo Cavani y su esposa.

INFO

Bei den Verben **dormir** und **morir** wird in der 3. Person Singular und Plural des **Indefinido** der Stammvokal **-o-** zu **-u-**.
Él/Ella durmió./Ellos durmieron.
Él/Ella murió./Ellos murieron.

6

Oveja negra. Welches Wort ist das „schwarze Schaf"? Unterstreichen Sie!

1. montaña laguna bosque avería
2. micrófono localizador gasolina detector
3. golpear sonreír pelear torturar
4. después ahora demasiado antes
5. vosotros nuestro suyo mío

7 **La llamada.** Erinnern Sie sich an diese Szene? Unterstreichen Sie die richtige Antwort passend zum Bild!

1. Flavio Barbosa está planeando una fiesta / una intriga.
2. Llama a un cómplice / al comisario Pichardo.

3. Rosa y Pablo han alquilado / han comprado un coche.
4. Flavio dice que es un coche blanco / rojo.
5. Tiene el teléfono móvil en la mano derecha / izquierda.

INFO

Die **Virgen de Guadalupe**, auch **reina de México y emperatriz de América** („Königin von Mexiko und Herrscherin von Amerika") genannt, gilt als die wichtigste Heiligenfigur Mexikos. Ursprünglich kommt sie aus Guadalupe (Extremadura, Spanien), woher die ersten spanischen Eroberer stammten. Die mexikanische Jungfrau besitzt jedoch indigene Züge und wurde – einigen Historikern zufolge – von den gläubigen Spaniern dazu benutzt, die indigene Gottheit gegen die ihre zu ersetzen.

8 **Cadena de verbos.** Finden Sie in der Wortschlange fünf Verkehrsmittel!

ayudachattaxisolplatocamiónnochecuchillocochecentroaviongrúacarreteragrabación

1. ______________________________
2. ______________________________
3. ______________________________
4. ______________________________
5. ______________________________

viento *m*	Wind
ahorcado/a *m/f*	Erhängte(r)

sitio *m*	Ort
vacaciones *f pl*	Urlaub, Ferien
lástima	schade
central *f* eólica	Windkraftanlage
víctima *f*	Opfer
molino *m*	Windrad
golpe *m*	Schlag
mejilla *f*	Wange
huellas *f pl* de ADN	DNA-Spuren
yate *m*	Yacht

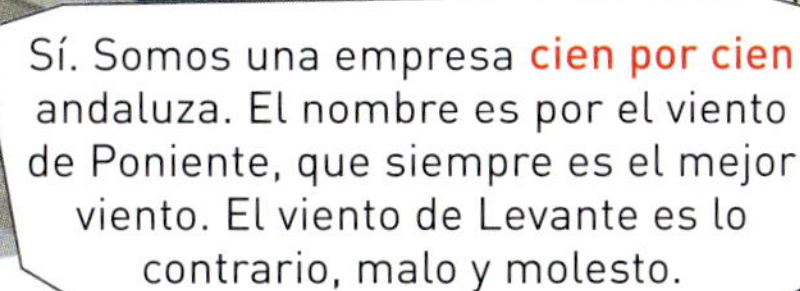

navegar	(Schiff) fahren
muelle *m*	Mole, Kai
faro *m*	Leuchtturm
director *m* ejecutivo	Geschäftsführer
energía *f* eólica	Windenergie
cien por cien	hundertprozentig
desgracia *f*	Unglück
implicado	beteiligt, verwickelt
ampliación *f*	Erweiterung, Ausbau

¿Qué ampliación?

Tenemos **planeada** una ampliación muy importante del **parque eólico**. Ella era la **encargada** del proyecto...

Un problema más para ustedes...

Sí, uno más.

Hay una pareja que no quiere vender sus terrenos, aunque les ofrecemos el doble de su precio real.

¿Vanessa habló con ellos?

Sí, ella intentaba **convencerlos**. Pero no era fácil.

Gracias por su tiempo, señor Fresneda.

Qué **atardecer** tan hermoso, con las vistas de la **bahía** de Cádiz...

Sí, pero hace mucho viento.

Es el viento de Levante, del que hablaba Fresneda.

No **me extraña** que hay pocos turistas...

planear	planen
parque *m* eólico	Windpark
encargado/a *m/f*	Beauftragte(r)
aunque	obwohl
ofrecer	anbieten
convencer	überzeugen, umstimmen
atardecer *m*	Sonnenuntergang
bahía *f*	Bucht
extrañar(se)	(sich) wundern

¡Quieto!	*hier:* Aus!
investigar	untersuchen, ermitteln
propiedad *f*	Grundeigentum
sin alma	herzlos, ohne Seele
finca *f*	*hier:* Grundstück
ave *m* migratoria	Zugvogel
matar	töten

recibir	erhalten
amenaza *f*	Drohung
envenenar	vergiften
sospechar de alguien	jdn. verdächtigen
ganadero/a *m/f*	Viehzüchter(in)
arruinado	ruiniert, pleite
violento	gewalttätig, -bereit
soplar	wehen

letrero *m*	Schild
hace	vor (zeitlich)
estable	*hier:* fest

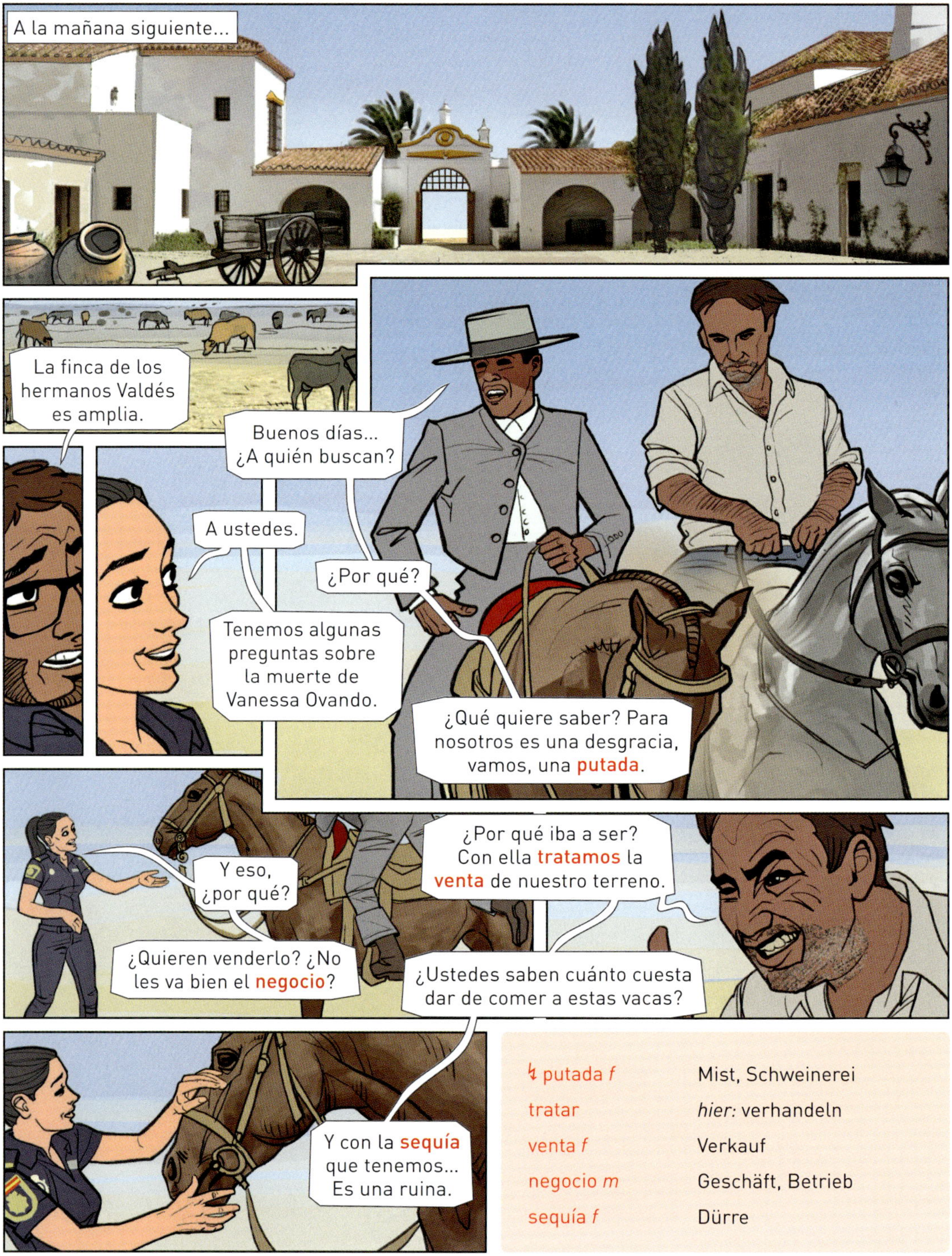

A la mañana siguiente...

La finca de los hermanos Valdés es amplia.

Buenos días... ¿A quién buscan?

A ustedes.

¿Por qué?

Tenemos algunas preguntas sobre la muerte de Vanessa Ovando.

¿Qué quiere saber? Para nosotros es una desgracia, vamos, una **putada**.

Y eso, ¿por qué?

¿Por qué iba a ser? Con ella **tratamos** la **venta** de nuestro terreno.

¿Quieren venderlo? ¿No les va bien el **negocio**?

¿Ustedes saben cuánto cuesta dar de comer a estas vacas?

ϟ putada *f*	Mist, Schweinerei
tratar	*hier:* verhandeln
venta *f*	Verkauf
negocio *m*	Geschäft, Betrieb
sequía *f*	Dürre

tener *irr* razón	recht haben
parto *m*	Geburt
ternero *m*	Kalb
faro *m*	*hier:* Scheinwerfer
estropeado	kaputt
testigo *m/f*	Zeuge/Zeugin
una pena que	schade, dass

lonja *f*	Fischmarkt
mientras	derweilen
urta *f*	Rotbandbrasse
marrajo *m*	Makohai
elegir *irr*	wählen
arrepentirse	bereuen
salmonete *m*	Meerbarbe
atún *m*	Thunfisch
a la plancha	gegrillt

tortillita *f* de camarones	kleines Shrimp-Omelett
estar *irr* embarazada	schwanger sein

prensa *f*	Presse
robo *m*	Diebstahl
cobre *m*	Kupfer
asesinato *m*	Mord
ladrón *m*, ladrona *f*	Dieb(in)

Nos ocupamos solo **de homicidios**, no de robos de cobre. Solo queremos saber qué vio usted o su gente la noche del sábado.

¿Si se lo digo me dejarán en paz y no me **acusarán de** lo otro...?

Prometido.

Vimos un coche. Era de esa empresa, Poniente S.A. **Aparcó** junto al molino. Luego vino una moto. Entonces nos fuimos, demasiada gente. Poco **botín** nos llevamos esa noche...

PONIENTE SA

Gracias, es una información muy útil. Y lo del cobre... Es cosa entre usted y la policía de esta ciudad.

denunciar	beanstanden
barrio *m*	(Stadt-)Viertel
ocuparse de	sich kümmern um
homicidio *m*	Mord
acusar de	bezichtigen
prometer	versprechen
aparcar	parken
botín *m*	Beute

ocultar	verheimlichen
llevarse algo	*hier:* etw. beschlagnahmen

negarse	sich weigern
coartada *f*	Alibi
prueba *f*	Beweis
coche *m* todoterreno	Geländewagen
asunto *m*	Fall, Sache
encendido	brennend, an (Licht)
confundirse	verwechseln

quedar detenido	verhaftet sein
hacia	in Richtung
ir *irr* a por	hinterherlaufen
¡Arre!	Hü!
¡Alto o disparo!	Stehen bleiben oder ich schieße!

huir *irr*	flüchten, fliehen
escena *f* del crimen	Tatort
amenazar a alguien	jdn. bedrohen
cumplir una promesa	ein Versprechen halten
burlarse de alguien	sich über jdn. lustig machen
golpear	schlagen
furioso	wütend

Ejercicios

1 El gerundio. Bilden Sie das Gerundium und achten Sie auf unregelmäßige Formen!

1. esperar *esperando*
2. comer ______
3. decir ______
4. dormir ______
5. mirar ______
6. querer ______
7. sentir ______

2 Preposiciones. Wie lautet der Satz richtig? Unterstreichen Sie die passende Präposition!

1. El Puerto de Santa María es un buen lugar para ir a / de vacaciones.
2. Lucía y Juanjo trabajan mucho de / en su finca.
3. Gracias por / para su tiempo, señor Fresneda.
4. Vanessa intenta convencer – / a la pareja de ecologistas.
5. ¿Qué hacían ustedes este sábado por / a la noche?

3 Diálogo. Bringen Sie den Dialog in die richtige Reihenfolge!

☐ **a)** –¿Por qué lo dice?

☐ **b)** –Era una trabajadora excepcional.

1 **c)** –¿Cómo era la ingeniera Vanessa Ovando?

☐ **d)** –Pero parece que como persona no era muy querida.

☐ **e)** –Nos lo ha dicho otra gente.

Comprensión. Beantworten Sie die Fragen und formulieren Sie ganze Sätze!

1. ¿Qué es Puerto Sherry?

2. ¿Quién es Marco?

3. ¿Qué le pasa al perro de Juanjo y Lucía?

4. ¿Por qué mata Ramón Valdés a Vanessa Ovando?

Sopa de letras. Finden Sie fünf Sehenswürdigkeiten von El Puerto de Santa María und Umgebung!

P	E	T	E	R	E	C	L	O
U	R	E	K	A	S	U	M	M
E	R	P	P	L	A	Y	A	I
R	E	A	O	E	N	Q	R	E
T	L	B	L	N	D	A	I	S
O	O	P	U	T	R	W	S	C
I	N	S	G	I	U	I	M	I
A	J	E	L	U	G	P	A	N
C	A	S	T	I	L	L	O	A

INFO

Das **Castillo de San Marcos** wurde im 13. Jh. unter der Herrschaft Alfons X. auf den Ruinen einer muslimischen Moschee erbaut. Im 15. Jh. weilte Christoph Kolumbus einige Zeit auf der Burg, bevor er seine Entdeckungsreise antrat.

Animales. Beschriften Sie die Tiere!

1. *los flamencos*

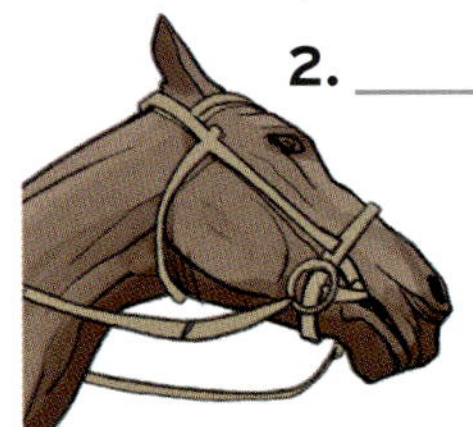

2. ____________________

3. ____________________

4. ____________________

5. ____________________

INFO

Fisch ist nicht gleich Fisch. Im Spanischen unterscheidet man den zur Zubereitung gefangenen oder schon verzehrfertigen **pescado** vom **pez**, der noch schwimmt.

Ordenar. Welches Adjektiv passt zu welchem Charakter? Ordnen Sie zu!

1. ☐ Ramiro		**a)** inocente
2. ☐ Vanessa		**b)** ecologista
3. ☐ Lucía		**c)** poderoso
4. ☐ Ramón		**d)** delincuente
5. ☐ Marco Antonio		**e)** arruinado
6. ☐ Chispas		**f)** trabajadora

Das Schwemmland des Guadalquivir, die **marismas**, stellt eines der kostbarsten Ökosysteme Europas dar. Der nahe El Puerto de Santa María gelegene Nationalpark Doñana wurde 1969 ins Leben gerufen und beherbergt viele geschützte Tierarten, vor allem Vögel wie den Flamingo und sogar den vom Aussterben bedrohten Iberischen Luchs (**lince ibérico**).

Asesinato en Bilbao

caso *m*	Fall
víctima *f*	Opfer
vasco	baskisch
sospechoso *m*	Verdächtiger
pez *m* gordo	*hier:* hohes Tier
concejal *m*	Stadtrat
ayuntamiento *m*	Rathaus
mantener *irr* relaciones	Beziehung pflegen

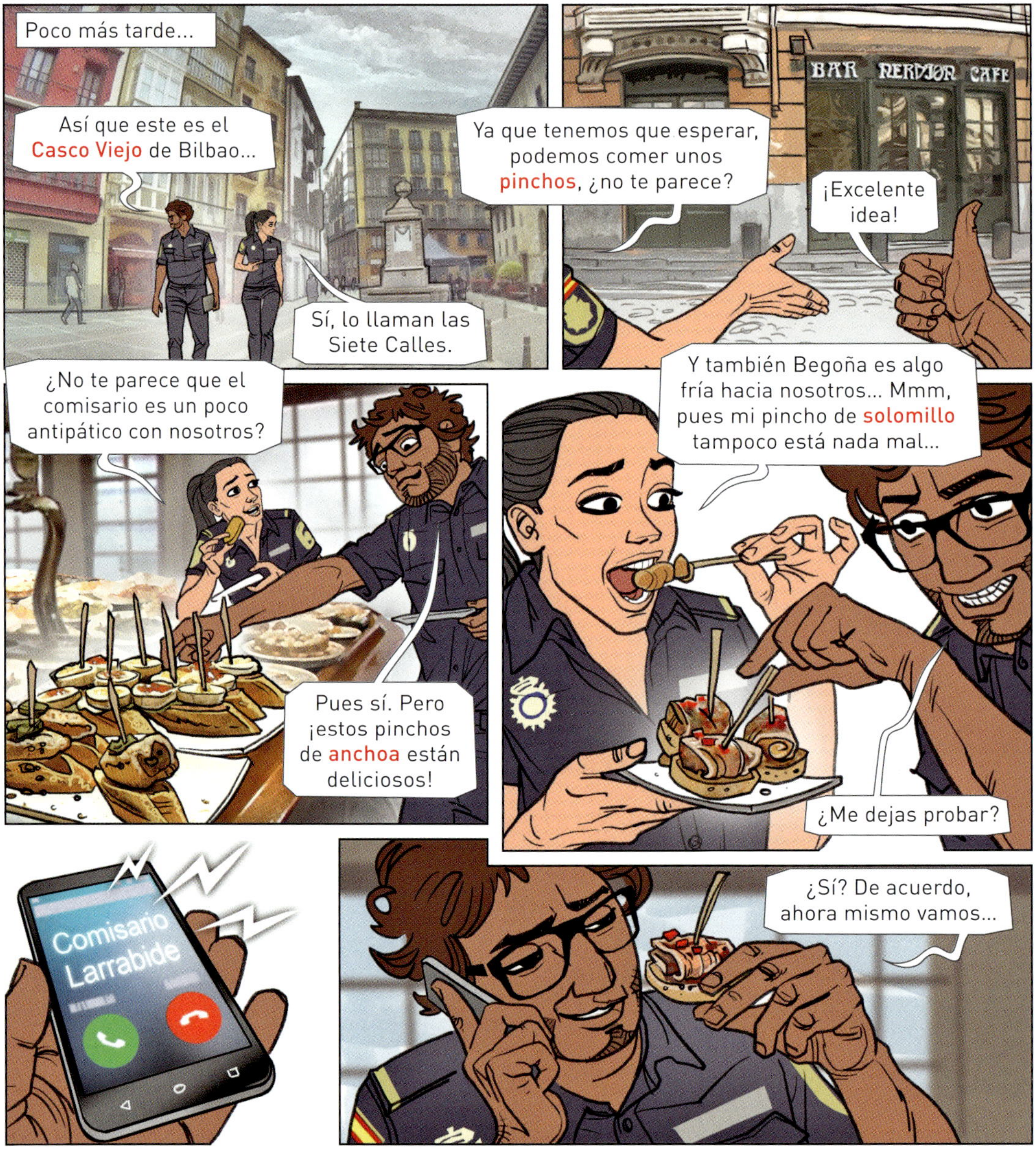

Poco más tarde...

Así que este es el **Casco Viejo** de Bilbao...

Sí, lo llaman las Siete Calles.

Ya que tenemos que esperar, podemos comer unos **pinchos**, ¿no te parece?

¡Excelente idea!

¿No te parece que el comisario es un poco antipático con nosotros?

Pues sí. Pero ¡estos pinchos de **anchoa** están deliciosos!

Y también Begoña es algo fría hacia nosotros... Mmm, pues mi pincho de **solomillo** tampoco está nada mal...

¿Me dejas probar?

Casco *m* Viejo	Altstadt
pincho *m*	Tapa, Häppchen
anchoa *f*	Sardelle
solomillo *m*	Filetsteak

lujoso	luxuriös
conquistar	erobern
sino	sondern
menor de edad	minderjährig
traficar	dealen
sospechoso	verdächtig

tratar con cuidado	behutsam umgehen
afectado	betroffen
taller *m* artístico	Atelier
exposición *f*	Ausstellung

enemigo *m*	Feind
frente a	gegenüber von
venganza *f*	Rache
poner *irr* límites	Grenzen setzen

misa *f*	Messe, Gottesdienst
suponer	annehmen, vermuten
↯ cortar	*hier:* Schluss machen
casco *m*	Helm

kaixo *(baskisch)*	hallo
euskera	baskisch
calimocho *m*	Mixgetränk aus Rotwein und Cola
investigar	ermitteln
↯ joder	verdammt
↯ putada *f*	Mist, Sauerei

sospechar de alguien	jdn. im Verdacht haben
no caer *irr* bien	nicht geheuer sein
apoyar	unterstützen
confiar en alguien	jdm. vertrauen
de vez en cuando	gelegentlich

tener *irr* mala pinta	schlecht aussehen
tratar con alguien	mit jdm. zu tun haben
aumentar	(an)steigen
luchar	kämpfen
traficante *m/f* de drogas	Drogendealer(in)
barrio *m*	(Stadt-)Viertel
pista *f*	Hinweis, Spur
alrededor de	rings um
grabar	aufnehmen, aufzeichnen

grabación *f*	(Video-)Aufzeichnung
aún así	trotzdem
acaso	vielleicht
de confianza	vertrauenswürdig
por desgracia	leider
recursos *m pl*	Mittel, Ressourcen
confidente *m/f*	Vertrauensmann; Spitzel

↯ hostia	*hier:* verdammt
colega *m/f*	*hier:* Kumpel, Freund
estar *irr* en líos	in etw. verwickelt sein
↯ ¡Ni de coña!	Auf keinen Fall!
competir con alguien	jdm. Konkurrenz machen
negocio *m*	Geschäft
preciosa *f*	Hübsche

concernir *irr*	angehen, betreffen
ahogado	ertrunken
de verdad	wirklich
estorbo *m*	Behinderung, Last
superior/-a *m/f*	Vorgesetzte(r)
dar *irr* la razón	recht geben

quitar	wegnehmen
injusto	ungerecht
ocultar	verheimlichen
red *f* social	soziales Netzwerk
borrar	löschen
melena *f*	Mähne
valer *irr* la pena	sich lohnen
averiguar	entdecken

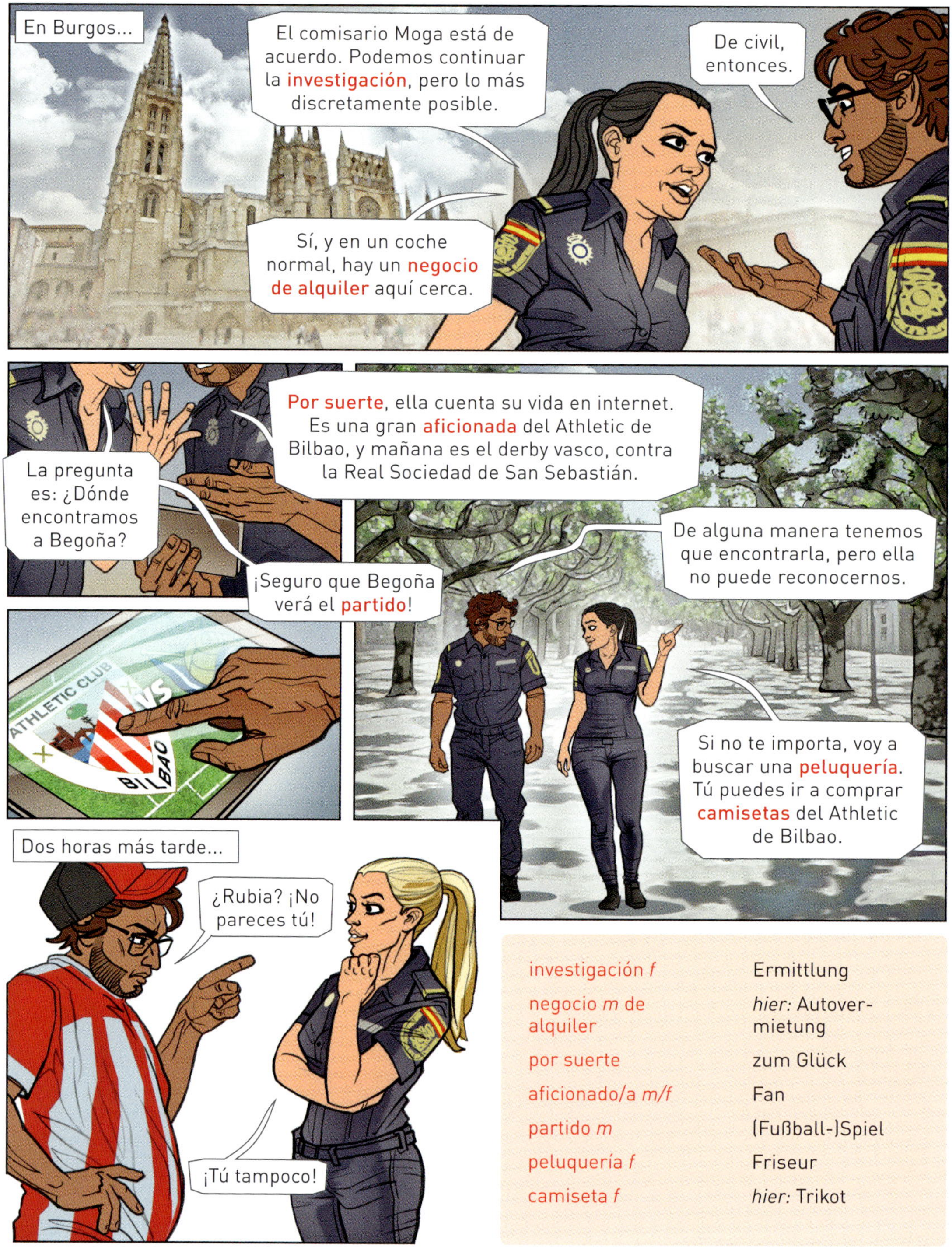

La pregunta es: ¿Dónde encontramos a Begoña?

Por suerte, ella cuenta su vida en internet. Es una gran aficionada del Athletic de Bilbao, y mañana es el derby vasco, contra la Real Sociedad de San Sebastián.

¡Seguro que Begoña verá el partido!

ATHLETIC CLUB VS BILBAO

De alguna manera tenemos que encontrarla, pero ella no puede reconocernos.

Si no te importa, voy a buscar una peluquería. Tú puedes ir a comprar camisetas del Athletic de Bilbao.

Dos horas más tarde...

¿Rubia? ¡No pareces tú!

¡Tú tampoco!

investigación *f*	Ermittlung
negocio *m* de alquiler	*hier:* Autovermietung
por suerte	zum Glück
aficionado/a *m/f*	Fan
partido *m*	(Fußball-)Spiel
peluquería *f*	Friseur
camiseta *f*	*hier:* Trikot

camuflado	verdeckt, undercover
fondo *m* norte	Nordseite
fila *f*	Reihe
pago *m*	Zahlung
cuanto antes	so bald wie möglich
quedar	*hier:* übrig bleiben

dar *irr* pena	leid tun, schade sein
tener *irr* en cuenta	berücksichtigen
contar con alguien	sich auf jdn. verlassen
si hace falta	wenn nötig
dudar	zweifeln
vaya	wow, na so was
escaparse	entwischen
ir *irr* a por	hinterherrennen

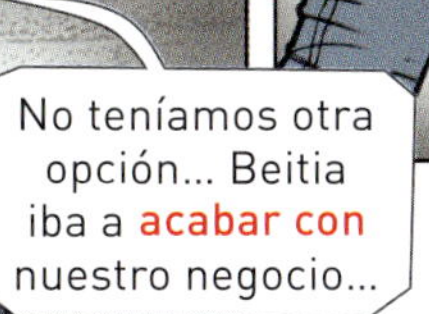

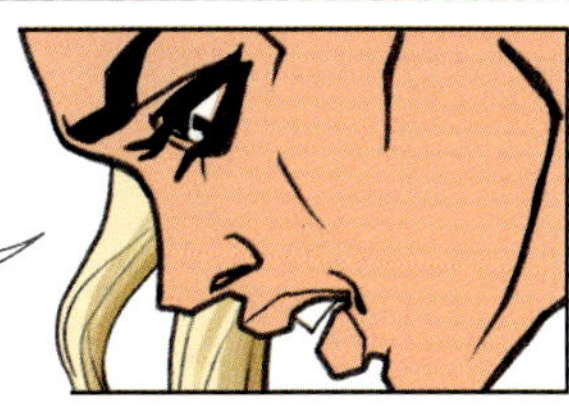

acabar con algo	etw. zerschlagen
hacer *irr* caso a alguien	auf jdn. hören
manchar	beschmutzen

La araña quedó envuelta en su propia tela.	Die Spinne hat sich in ihrem eigenen Netz verfangen.
confesar	gestehen
convertir	aussehen lassen
dejar el cargo	aus dem Amt scheiden
no dejar cabos sueltos	jeden Verdacht aus dem Weg räumen
almorzar	Mittag essen
echar de menos	vermissen

Ejercicios

Adjetivos. Leiten Sie die Adjektive von den Substantiven ab!

1. interés ____________________
2. arte ____________________
3. delicia ____________________
4. seguridad ____________________
5. antipatía ____________________
6. industria ____________________

Errores. Korrigieren Sie acht grammatikalische und orthografische Fehler!

Pablo y Rosa estan sorprendidos por el conportamiento del comissario Larrabide y el agente Begoña Landa. Empezan a sospechar cuando el comisario les dicen que no son de gran ayuda. Al final esta claro que el comisario tenía intereses ocultas.

1. ____________________
2. ____________________
3. ____________________
4. ____________________
5. ____________________
6. ____________________
7. ____________________
8. ____________________

INFO

Mixgetränke wie **calimocho** (Rotwein + Cola) oder **tinto de verano** (Rotwein + Limo) sind vor allem bei Jugendlichen und Urlaubern beliebt. Der edle, traditionsreiche spanische Rotwein wird dafür natürlich nicht verschwendet.

Crucigrama. Lösen Sie das Kreuzworträtsel!

Waagerecht:

1. El ... es la lengua original del País Vasco.
2. El ... se hace mezclando vino tinto y coca-cola.
4. La gran escultura delante del museo Guggenheim tiene forma de ...

Senkrecht:

1. La policía autonómica, en vasco, se llama ...
3. Tienes que probar los ... vascos. Están deliciosos.
4. El ... es el equipo de fútbol de Bilbao.

INFO

Die baskische Küche hat sich nicht nur in Spanien, sondern weltweit einen Namen gemacht. Wer einmal in San Sebastián **pinchos (pintxos)** probiert hat, kann sich den kleinen Appetit-Häppchen aus der Pfanne oder auf Brotbasis nicht mehr entziehen. Den Namen verdanken sie dem Holzspießchen (**pinchar** = aufspießen).

Sintaxis. Was sagt Pablo? Bringen Sie die Wörter in die richtige Reihenfolge!

riquísimos | solomillo | de | mis | están | pinchos

INFO

In den sogenannten **Herriko Tabernas** treffen sich Befürworter der baskischen Unabhängigkeit, vor allem junge Leute. Für gewöhnlich hört man Rockmusik. Seit die Separatistenorganisation ETA 2011 ihre Gewalttaten eingestellt hat und der Frieden im Baskenland wiederhergestellt wurde, schwindet allerdings der Zuspruch, sich abzuspalten.

Comprensión. Wie enden die Sätze richtig? Kreuzen Sie an!

1. Josu Etxeberría muere...

❒ **a)** en un accidente de moto.

❒ **b)** por herida de cuchillo.

2. Una Herriko Tabernas se escucha...

❒ **a)** música rock.

❒ **b)** música folclórica vasca.

3. La madre de Josu Etxeberría es...

❒ **a)** una política nacionalista.

❒ **b)** una artista vasca.

4. Begoña Landa es aficionada...

❒ **a)** del Athletic de Bilbao.

❒ **b)** de la Real Sociedad de San Sebastián.

Test final

La muerte, una fiesta

¿Verdadero o falso? Antworten Sie richtig und enträtseln Sie das Lösungswort!

	verdadero	falso
1. En una cantina puedes echar gasolina.	s	v
2. A los mexicanos les gusta la comida muy picante.	e	o
3. Las botanas acompañan a las cervezas y son gratuitas.	n	r
4. El día de los muertos es una fiesta muy triste.	ñ	d
5. Una banda criminal obliga a unas parejas de turistas a luchar hasta la muerte.	e	a

Lösung: La muerte _ _ _ _ _.

Combinar. Bilden Sie sinnvolle Ausdrücke!

1. ☐ investigar
2. ☐ alquilar
3. ☐ llamar
4. ☐ ganar

a) la libertad
b) a la policía
c) un caso
d) un coche

Adverbios. Ergänzen Sie die Adverbien *muy*, *mucho*, *tan* oder *tanto*!

1. ¡Qué pareja ________ guapa!

2. La ciudad se pone ________ linda durante las fiestas.

3. En México no hace ________ calor como en Cuernavaca.

4. Al comisario Pichardo le gusta ________ la comida picante.

Descripción. Welche Sätze passen zur Szene? Kreuzen Sie an!

1. Las chicas son muy amigas. ❐
2. Es el día de los muertos. ❐
3. Es una pelea hasta la muerte. ❐
4. La chica rubia es más fuerte. ❐
5. Va a ganar la argentina. ❐

Preposiciones. Vervollständigen Sie den Text mit den richtigen Präpositionen!

Rosa y Pablo alquilan un coche en „El Chapulín“. Hablan **1.** _______ Flavio Barbosa. Dicen que necesitan el coche para ir **2.** _______ Cuernavaca. Flavio cree que son una pareja **3.** ________ turistas españoles, como los asesinados Irene y José. Flavio es parte 4. _______ una banda criminal que organiza peleas ilegales a muerte **5.** ________ Cuernavaca. Cuando Rosa llama a Flavio **6.** ________ teléfono, él piensa que van a ser las próximas víctimas.

Cronología. Bringen Sie die Bilder in die richtige Reihenfolge!

☐

☐

☐

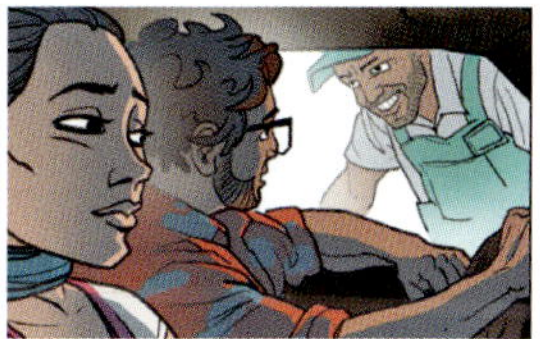
☐

Un viento mortal

Sustantivos. Leiten Sie die Substantive von den Verben ab! Vergessen Sie die Artikel nicht!

1. volver ______________________
2. ampliar ______________________
3. comer ______________________
4. investigar ______________________
5. suicidarse ______________________
6. discutir ______________________

Preposiciones. Wer bewegt sich wie fort? Ergänzen Sie die Präpositionen **a** oder **en** und ordnen Sie den Sätzen das passende Bild zu!

1. ☐ Marco va ______ moto.
2. ☐ Rosa y Pablo van ______ pie.
3. ☐ Sr. Fresneda va ______ yate.
4. ☐ Rosa y Pablo van ______ coche.
5. ☐ El chico va ______ bici.
6. ☐ Ramón va ______ caballo.

a)

b)

c)

d)

e)

f)

Asesinato en Bilbao

Gerundio. Was machen die Personen gerade? Vervollständigen Sie die Sätze mit dem passenden Verb im Gerundium!

llamar | probar | fumar | dormir

1. Eneko ____________________ un cigarillo.

2. Rosa ________________________.

3. El comisario ____________________ por teléfono.

4. Rosa y Pablo ____________________ unas tapas.

10

Palabra escondida. Ergänzen Sie die fehlenden Begriffe und enträtseln Sie das Lösungswort!

1. ¿Quién ha matado a Leire Beitia? _ _ _ [ ] _.
2. Begoña Landa es una aficionada del Athletic de _ _ _ _ _ [ ] _.
3. Amaia sabe muy poco sobre su _ [ ] _ _.
4. Los comisarios quedan con Eneko en el barrio de _ _ _ _ _ _ _ _ [ ] _.
5. Los amigos de Josu sabían que consumía _ _ [ ] _ _ _.

Lösung: [ ] [ ] [ ] [ ] [ ] significa **¡Hola!** en euskera.

Soluciones

La muerte, una fiesta

1 1.es 2. son 3. Son 4. está 5. son 6. hay

2 1. dunkel, claro 2. angenehm, desagradable 3. hübsch, feo 3. voll, vacío 5. langweilig, divertido

3 1. la 2. una 3. El, la 4. un, unos 5. los, las

4 1. barrio 2. bosque 3. catedral 4. camión 5. laguna 6. palacio
Lösung: botana

5 1. a 2. b 3. b 4. a 5. b

6 1. avería 2. gasolina 3. sonreír 4. demasiado 5. vosotros

7 1. una intriga 2. a un cómplice 3. han alquilado 4. rojo 5. derecha

8 1. taxi 2. camión 3. coche 4. avión 5. grúa

Un viento mortal

1 1. esperando 2. comiendo 3. diciendo 4. durmiendo 5. mirando 6. queriendo 7. sintiendo

2 1. de 2. en 3. por 4. a 5. por

3 1. c 2. b 3. d 4. a 5. e

4 1. Es un puerto para yates en el Puerto de Santa María. 2. Marco es el exnovio de Vanessa. Trabaja en el bar La Muralla. 3. Ramón Valdés lo envenena para asustar a Lucía y Juanjo. 4. Él estaba enamorado de ella pero ella se burló de él.

6

P	E	T	E	R	E	C	L	O
U	R	E	K	A	S	U	M	M
E	R	P	P	L	A	Y	A	I
R	E	A	O	E	N	Q	R	E
T	L	B	L	N	D	A	I	S
O	O	P	U	T	R	W	S	C
I	N	S	G	I	U	I	M	I
A	J	E	L	U	G	P	A	N
C	A	S	T	I	L	L	O	A

7 1. los flamencos 2. el caballo 3. el perro 4. la vaca 5. el ternero

8 1. c 2. f 3. b 4. e 5. a 6. d

Asesinato en Bilbao

1 1. interesante 2. artístico 3. delicioso 4. seguro 5. antipático 6. industrial

2 Pablo y Rosa están sorprendidos por el comportamiento del comisario Larrabide y la agente Begoña Landa. Empiezan a sospechar cuando el comisario les dice que no son de gran ayuda. Al final está claro que el comisario tenía intereses ocultos.

3

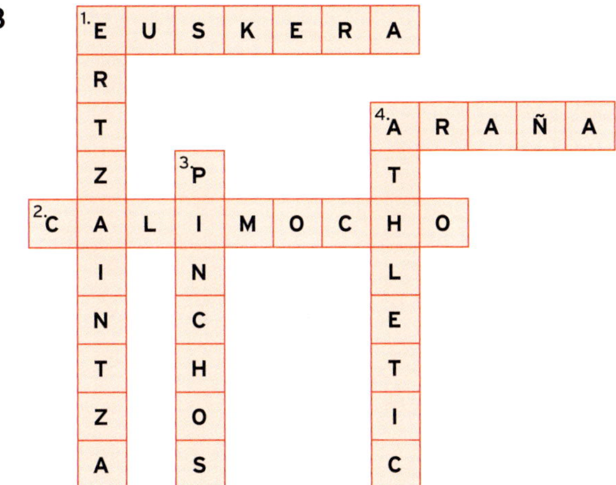

4 Mis pinchos de solomillo están riquísimos./Están riquísimos mis pinchos de solomillo.

5 1. b 2. a 3. b 4. a

Test final

1 1. falso (En una cantina se come.) 2. verdadero 3. verdadero 4. falso (Es una fiesta bastante animada.) 5. verdadero
Lösung: La muerte vende.

2 1. c 2. d 3. b 4. a

3 1. tan 2. muy 3. tanto 4. mucho

4 1. falso (Las chicas no se conocen.) 2. verdadero 3. verdadero 4. falso (La chica rubia es más débil.) 5. verdadero

5 1. con 2. a 3. de 4. de 5.en 6. por

6 1.  2.  3.  4. 

7 1. la vuelta 2. la ampliación 3. la comida 4. la investigación 5. el suicidio 6. la discusión

8 1. b (Marco va en moto.) 2. e (Rosa y Pablo van a pie.) 3. d (Sr. Fresneda va en yate.) 4. a (Rosa y Pablo van en coche.) 5. f (El chico va en bici.) 6. c (Ramón va a caballo.)

9 1. Eneko está fumando un cigarillo. 2. Rosa está durmiendo. 3. El comisario está llamando por teléfono. 4. Rosa y Pablo están probando unas tapas.

10 1. Eneko. 2. Begoña Landa es una aficionada del Athletic de Bilbao. 3. Amaia sabe muy poco sobre su hijo. 4. Los comisarios quedan con Eneko en el barrio de Santutxu. 5. Los amigos de Josu sabían que consumía drogas.
Lösung: Kaixo significa **¡Hola!** en euskera.

Glosario

ϟ = umgangssprachlich
f = feminin
m = maskulin
pl = Plural
irr = unregelmäßiges Verb
inf = Infinitv
mex = mexikanisches Spanisch

a la plancha	gegrillt
acabar con algo	etw. zerschlagen
acabar de + *inf.*	soeben etw. getan haben
acaso	vielleicht
accidente *m* **de tránsito** *mex*	Verkehrsunfall
acusar de	bezichtigen
afectado	betroffen
aficionado/a *m/f*	Fan
afueras *f pl*	Stadtrand
ahogado	ertrunken
ahorcado/a *m/f*	Erhängte(r)
almorzar	Mittag essen
alquilar	mieten
alrededor de	rings um
¡Alto o disparo!	Stehen bleiben oder ich schieße!
amenaza *f*	Drohung
amenazar a alguien	jdn. bedrohen
ampliación *f*	Erweiterung, Ausbau
anchoa *f*	Sardelle
animado	belebt, heiter
aparcar	parken
apoyar	unterstützen
arma *f*	Waffe
¡Arre!	Hü!
arrepentirse	bereuen
arruinado	ruiniert, pleite
asesinato *m*	Mord
asesino/a *m/f*	Mörder(in)
asunto *m*	Fall, Sache
atardecer *m*	Sonnenuntergang
atún *m*	Thunfisch
aumentar	(an)steigen
aún así	trotzdem
aunque	obwohl
ave *m* **migratoria**	Zugvogel
avería *f*	Panne
averiguar	entdecken
ayuntamiento *m*	Rathaus
bahía *f*	Bucht
barranca *f mex*	Schlucht, Abgrund
barrio *m*	(Stadt-)Viertel
bate *m* **de beisbol**	Baseball-Schläger

borrar	löschen
botana *f*	mexikanische Tapa
botín *m*	Beute
burlarse de alguien	sich über jdn. lustig machen
caldito *m* **de camarón**	Garnelensuppe
calimocho *m*	Mixgetränk aus Rotwein und Cola
camiseta *f*	*hier:* Trikot
camuflado	verdeckt, undercover
carretera *f* **secundaria**	Land-/Nebenstraße
casco *m*	Helm
casco *m* **viejo**	Altstadt
caso *m*	Fall
casualidad *f*	Zufall
central *f* **eólica**	Windkraftanlage
cien por cien	hundertprozentig
circunstancia *f*	Umstand
coartada *f*	Alibi
cobre *m*	Kupfer
coche *m* **todoterreno**	Geländewagen
colega *m/f*	*hier:* Kumpel, Freund
compatriotas *m/f pl*	Landsleute
competir con alguien	jdm. Konkurrenz machen
concejal *m*	Stadtrat
concernir *irr*	angehen, betreffen
confesar	gestehen
confiar en alguien	jdm. vertrauen
confidente *m/f*	Vertrauensmann; Spitzel
confundirse	verwechseln
conmovido	ergriffen, gerührt
conquistar	erobern
contar con alguien	sich auf jdn. verlassen
convencer	überzeugen, umstimmen
convertir	aussehen lassen
↯ **cortar**	*hier:* Schluss machen
cuanto antes	so bald wie möglich
cuerpo *m*	*hier:* Leiche
cumplir una promesa	ein Versprechen halten
chatear	chatten
chófer *m*	(Lkw-)Fahrer
daño *m*	Schaden
dar *irr* **la razón**	recht geben
dar *irr* **pena**	leid tun, schade sein
dar *irr* **una buena paliza a alguien**	jdm. eine ordentliche Tracht Prügel verpassen
de confianza	vertrauenswürdig
de verdad	wirklich
de vez en cuando	gelegentlich
dejar el cargo	aus dem Amt scheiden
denunciar	beanstanden
deprisa	dringend
desalmado	unmenschlich, herzlos
descubrir *irr*	entdecken
desgracia *f*	Unglück
detener *irr*	*hier:* stoppen
director *m* **ejecutivo**	Geschäftsführer
disfrazarse	sich verkleiden
disfrutar	genießen
dudar	zweifeln

echar de menos	vermissen
echar gasolina	tanken
elegir *irr*	wählen
empresa *f* **de alquiler de coches**	Autovermietung
en apuros	in Not
encargado/a *m/f*	Beauftragte(r)
encendido	brennend, an (Licht)
enemigo *m*	Feind
energía *f* **eólica**	Windenergie
envenenar	vergiften
escaparse	entwischen
escena *f* **del crimen**	Tatort
estable	*hier:* fest
estar *irr* **embarazada**	schwanger sein
estar *irr* **en líos**	in etw. verwickelt sein
este mundo *m*	Diesseits
estorbo *m*	Behinderung, Last
estropeado	kaputt
eterno	ewig
euskera	baskisch
exposición *f*	Ausstellung
extrañar(se)	(sich) wundern
familiares *m/f pl*	Verwandte
faro *m*	Scheinwerfer; Leuchtturm
fila *f*	Reihe
finca *f*	*hier:* Grundstück
fingir	vorgeben, so tun
fondo *m* **norte**	Nordseite
forense *m/f*	Gerichtsmediziner(in)
frente a	gegenüber von
furioso	wütend
ganadero/a *m/f*	Viehzüchter(in)
ganar	verdienen; gewinnen
gasolinera *f*	Tankstelle
golpe *m*	Schlag
golpear	schlagen, prügeln
grabación *f*	(Video-)Aufzeichnung
grabar	aufnehmen, aufzeichnen
grúa *f*	Abschleppwagen
habitación *f* **sencilla**	Einzelzimmer
hacer *irr* **caso a alguien**	auf jdn. hören
hacia	in Richtung
homicidio *m*	Mord
ϟ **hostia**	*hier:* verdammt
huellas *f pl* **de ADN**	DNA-Spuren
huir *irr*	flüchten, fliehen
implicado	beteiligt, verwickelt
informe *m*	Bericht
injusto	ungerecht
investigación *f*	Ermittlung
investigar	untersuchen, ermitteln
ir *irr* **a por**	hinterherrennen, hinterherlaufen
ϟ **joder**	verdammt
kaixo *(baskisch)*	hallo
La araña quedó envuelta en su propia tela.	Die Spinne hat sich in ihrem eigenen Netz verfangen.
ladrón *m*, **ladrona** *f*	Dieb(in)
lástima	schade
letrero *m*	Schild
localizador *m* **GPS**	GPS-Empfangsgerät

lonja *f*	Fischmarkt
luchar	(be)kämpfen
lujoso	luxuriös
llevarse algo	*hier:* etw. beschlagnahmen
manchar	beschmutzen
mantener *irr* **relaciones**	Beziehung pflegen
marrajo *m*	Makohai
matar	umbringen, töten
matar a golpes	totschlagen
matrimonio *m*	(Ehe-)Paar
mejilla *f*	Wange
melena *f*	Mähne
menor de edad	minderjährig
mientras	derweilen
mientras tanto	währenddessen
misa *f*	Messe, Gottesdienst
molino *m*	Windrad
mostrar	zeigen, aufweisen
muelle *m*	Mole, Kai
navegar	(Schiff) fahren
negarse	sich weigern
negocio *m*	Geschäft, Betrieb
negocio *m* **de alquiler**	*hier:* Autovermietung
↯ **¡Ni de coña!**	Auf keinen Fall!
no caer *irr* **bien**	nicht geheuer sein
no dejar cabos sueltos	jeden Verdacht aus dem Weg räumen
¡Nos lo quedamos!	Wir nehmen es!
notar	bemerken
obtener *irr*	erlangen, erhalten
ocultar	verheimlichen
ocuparse de	sich kümmern um
ofrecer	anbieten
olvidar	vergessen
otro mundo *m*	Jenseits
pago *m*	Zahlung
parar	anhalten
parque *m* **eólico**	Windpark
partido *m*	(Fußball-)Spiel
parto *m*	Geburt
pelea *f*	Kampf, Schlägerei
peluquería *f*	Friseur
pendejo *m mex*	Narr, Idiot
permitir	erlauben
pesadilla *f*	Albtraum
pez *m* **gordo**	*hier:* hohes Tier
picar	*hier:* scharf/pikant sein
pincho *m*	Tapa, Häppchen
pista *f*	Hinweis, Spur
planear	planen
poner *irr* **límites**	Grenzen setzen
por desgracia	leider
por suerte	zum Glück
preciosa *f*	Hübsche
prensa *f*	Presse
prometer	versprechen
propiedad *f*	Grundeigentum
prueba *f*	Beweis
publicidad *f*	*hier:* Aufmerksamkeit
↯ **putada** *f*	Mist, Schweinerei, Sauerei
¡Qué desgracia!	Was für ein Unglück!

¡Que la pasen bien! *mex*	Schönen Tag noch! Viel Spaß!
quedar	*hier:* übrig bleiben
quedar detenido	verhaftet sein
quedarse con el cambio	das Wechselgeld behalten
¡Quieto!	*hier:* Aus!
quitar	wegnehmen
rato *m*	Weile
recibir	erhalten
recuerdo *m*	Erinnerung
recursos *m pl*	Mittel, Ressourcen
red *f* **social**	soziales Netzwerk
robo *m*	Diebstahl
salmonete *m*	Meerbarbe
salvaje *m/f*	Barbar, Wilde(r)
sequía *f*	Dürre
si hace falta	wenn nötig
sin alma	herzlos, ohne Seele
sino	sondern
sitio *m*	Ort
solomillo *m*	Filetsteak
soplar	wehen
sospechar de alguien	jdn. im Verdacht haben, verdächtigen
sospechoso *m*	Verdächtiger
sospechoso	verdächtig
subir	einsteigen
suceder	stattfinden
suficiente	genug, genügend
superior/-a *m/f*	Vorgesetzte(r)
suponer	annehmen, vermuten
taller *m* **artístico**	Atelier
tardar	dauern
temer(se)	befürchten
tener *irr* **en cuenta**	berücksichtigen
tener *irr* **mala pinta**	schlecht aussehen
tener *irr* **miedo**	Angst haben
tener *irr* **razón**	recht haben
tener *irr* **una pinta estupenda**	lecker aussehen
ternero *m*	Kalb
testigo *m/f*	Zeuge/Zeugin
tortillita *f* **de camarones**	kleines Shrimp-Omelett
traficante *m/f* **de drogas**	Drogendealer(in)
traficar	dealen
trama *f* **organizada**	organisiertes Verbrechen
tratar	*hier:* verhandeln
tratar con alguien	mit jdm. zu tun haben
tratar con cuidado	behutsam umgehen
una pena que	schade, dass
urta *f*	Rotbandbrasse (Fisch)
vacaciones *f pl*	Urlaub, Ferien
valer *irr* **la pena**	sich lohnen
válido	erlaubt
vasco	baskisch
vaya	wow, na so was
venganza *f*	Rache
venta *f*	Verkauf
víctima *f*	Opfer
viento *m*	Wind
violento	gewalttätig, -bereit
yate *m*	Yacht

Spannend Sprachen lernen

Kriminell gut

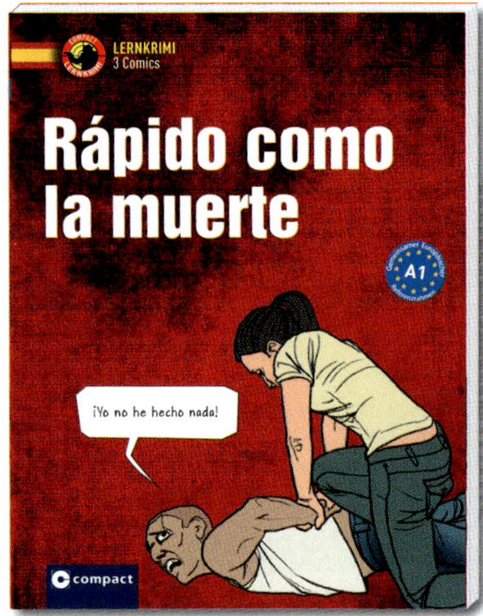

ISBN 978-3-8174-1658-5

So bunt war Sprachenlernen noch nie!

- spannende Comics für Anfänger
- landestypische Settings, actionreiche Szenen und authentische Sprache
- textbezogene Übungen nach jeder Geschichte
- Vokabelangaben auf jeder Seite
- Infokästen zu Sprache und Grammatik

Lernlektüre für geübte Anfänger

- ein spannender Krimi mit Comisario García
- über 50 textbezogene Übungen
- Vokabelangaben auf jeder Seite
- Infokästen zu Sprache und Grammatik
- von muttersprachlichen Autoren verfasst

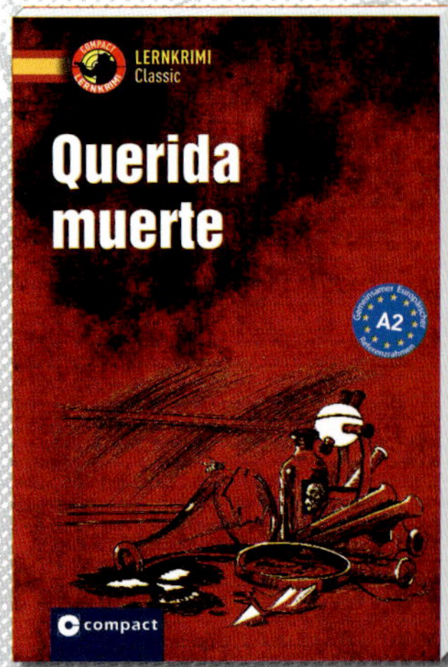

ISBN 978-3-8174-2135-0

www.lernkrimi.de | www.compactverlag.de